OOR WULLIE®

Published by DC Thomson Annuals Ltd in 2013
DC Thomson Annuals Ltd, 185 Fleet Street, London EC4A 2HS
© DC Thomson & Co., Ltd

ISBN : 978-1-84535-528-9

WILL WULLIE'S CHRISTMAS BE A BORE?
OR IS THERE A SURPRISE IN STORE?

WULLIE MAKES A BONNY SHOW,
O' FIGURES SCULPTURED OOT O' SNOW.

IT'S CAULD ENOUGH TAKE MAK FOWK CRY, BUT WULLIE'S STAYING WARM AND DRY.

IT'S A RICHT DAMP CAULD THE DAY. MY BUCKET'S AWFY CHILLY ON MY BACKSIDE.

WHY ARE YE DRESSED LIKE THAT, WULLIE? IT'S NO' GONNAE RAIN.

MEBBE NO', MA. BUT I'LL NEED THIS STUFF, I CAN TELL YE.

HA! HA! HA! YE LOOK A RICHT EEJIT, WULLIE. ARE YE EXPECTIN' A STORM?

NO - A FLOOD! ENJOY YER SHOWER, LADS.

SPLASH!

AYE, THERE'S AYE A FAIR BIT O' WATTER ABOOT WHEN THE BIG THAW SETS IN. YE HAE TAE BE PREPARED.

DROOKIT!

SPLASH!

AN' PASSIN' THE OOTSIDE SKATIN' RINK CAN BE DANGEROUS TAE. BUT NO' FOR ME.

PING!

THAE SNOWMEN LOOKED BRAW YESTERDAY, BUT THE DAY THEY'RE NAE USE FOR ONYTHIN'...

...NO' EVEN HIDIN' AHENT. I SAW YE A MILE AWA', LADS.

SPLAT!

ACH, YE'RE NAE FUN, WULLIE.

MEBBE NO' - BUT I'M WARM AN' DRY. MY BOOTS HAE RARE GRIP WHEN A' THE WATTER FREEZES AGAIN. NAE SLIDIN' ABOOT FOR ME. WEEL, NO' UNLESS I WANT TAE.

SKITE!

AN' AT HAME I HAE THE BEST CENTRAL HEATIN' IN SCOTLAND.

WHAT ON EARTH ARE YOU DOING, WILLIAM?

JIST WATCH, PRIMROSE.

FIRST I FILL MY BUCKET WI' HOT WATTER, THEN I PIT AN AULD PAN LID ON TOP AN' LEAVE IT FOR A MEENIT OR TWA.

ARE YOU HEATING SOMETHING UP?

AYE, IN A WAY...

I'M HEATIN' UP MY BAHOOCHIE ON MY HOT WATTER BUCKET. IT'S THE HOTTEST SEAT IN AUCHENSHOOGLE.

HA! HA! YOU'RE SO CLEVER, WILLIAM.

JINGS, THAT'S BRAW!

IT DISNAE STAY HOT FOR A' THAT LONG, THOUGH. EFTER AN' HOUR OR TWA...

...IT FREEZES. NOW I HAE TWA BUCKETS - BUT THEY'RE A BIT CAULD TAE SIT ON.

WHAT A BOY.

HE'S DEFROSTIN' IN HIS BED.

WE HOPE YOU ENJOY THE FUNNY BANTER,
IN THIS POEM, 'WULL O' SHANTER'.

THE POEM'S LINES WULLIE CAN MASTER, BUT A STITCH IN TIME LEADS TO DISASTER.

LOOK AT PC MURDOCH GO, HELTER-SKELTER DOON THE SNOW.

IT'S STILL SNOWIN'. WINTER'S NO' FEENISHED WI' US YET.

IN THE NAME O' THE WEE MAN! WHIT'S THAT? ARE YE EXPECTIN' A RIOT, P.C. MURDOCH?

DINNAE YOU LAUGH. WE'RE PRACTISIN' CROWD CONTROL.

EH? WHERE?

THERE MICHT BE A BIT O' TROUBLE AT THE 'SHOOGLE JUNIORS FITBA MATCH. THEY'LL THINK TWICE ABOOT TANGLIN' WI' US.

CROWD TROUBLE? YE MUST BE JOKIN'.

THERE'S JIST FOWER FOWK AT THE GEMME, AN' THAT'S A RECORD CROWD.

MICHTY!

ACH, WEEL, THE RIOT SHIELDS ARE BRAW FOR SHELTERIN' FAE THE SNOW.

YOU'RE OWER CHIRPY, MAN. I THINK YE'RE UP TAE SOMETHIN'.

WHA? ME? HERE'S A COUPLE O' BOB. THAT MAK'S YE A SPECIAL CONSTABLE.

BUT I'M OWER WEE.

NO YE'RE NO'. JIST STAND THERE AN' HOLLER IF YE SEE THE SERGEANT. WE'RE AWA' TAE PRACTISE OOR MANOEUVRES.

YE CHANCER!

WE SAW SOME LADS FAE THE THAMES VALLEY POLIS DAE THIS ON THE TELLY.

WHEEEEE!

IT'S JIST LIKE THON SKELETON THINGY FAE THE WINTER OLYMPICS.

SOON -

IT'S SERGEANT MCDONALD. QUICK!

JINGS. HE'LL HAE US ON A CHARGE AS FAST AS YE LIKE.

IT'S CONSTABLE MURDOCH, SERGEANT. I CAN EXPLAIN.

HE'S BOUND TAE HAE SEEN US.

EXPLAIN WHIT, MURDOCH? EXPLAIN WHY YE'VE PHONED ME ON MY HOLIDAY IN TENERIFE?

CRIVVENS!

YE WEE RASCAL. IT'S NO' THE SERGEANT. IT'S A SNOWMAN.

HA! HA! BUT IT'S A PRETTY GUID LIKENESS, EVEN THO' I SAY SO MYSEL'.

RUN, BOB. MURDOCH'S READIN' THE RIOT ACT.

WHIT'S THIS? WULL AN' BOB AHENT BARS? SURELY NO'.

NOW I KEN THE SERGEANT'S ON HOLIDAY, I CAN SLEDGE A' DAY.

MURDOCH'S A RIOT. LOOK AT HIM GO!

AYE, THERE'S A LADDIE IN A' O' US - EVEN THE POLIS!

DIRTY HANDS SPREAD COUGHS AND SNEEZES. AND OTHER SORTS O' DARK DISEASES.

WULLIE SEES A LAUGH IN THE MAKIN', WATCHING THE DANCE OF FROZEN BACON.

WULLIE KNOWS HE MUST TAKE CARE,
WHEN LOVE AND ROMANCE ARE IN THE AIR.

WULLIE NEEDS TO TURN ON THE CHARM,
TO KEEP HIS LUGS OOT O' HARM.

WULL WANTS MURDOCH TAE STAY ON HIS STREET;
FOR HE KNOWS THE SOUND O' HIS BIG FEET.

POOR WULLIE'S FACE HAS GOT A FROWN,
PA SAYS HIS SHED IS COMING DOWN.

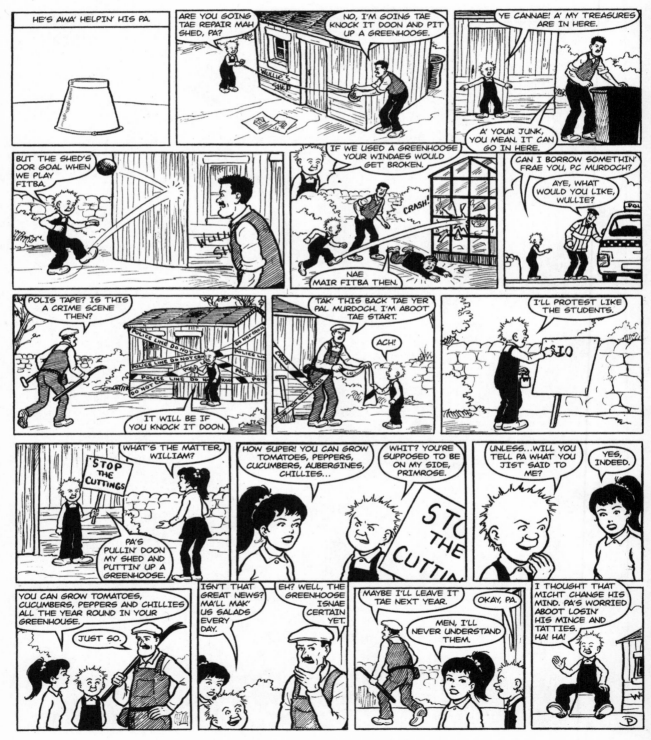

WHEN BIKING THROUGH THE SCOTTISH HEATHER, WIND IS JUST THE PERFECT WEATHER.

THERE IS NAE REASON AND NAE RHYME, WHY WULLIE'S SO OBSESSED WI' TIME.

WULLIE'S FEELING A WEE BIT NERVOUS, HIS TRUSTY BOOTS ARE IN FOR A SERVICE.

WULLIE WANTS HIS WORK TO BE ON SCREEN,
SO HE WHIZZES THROUGH THE TOWN UNSEEN.

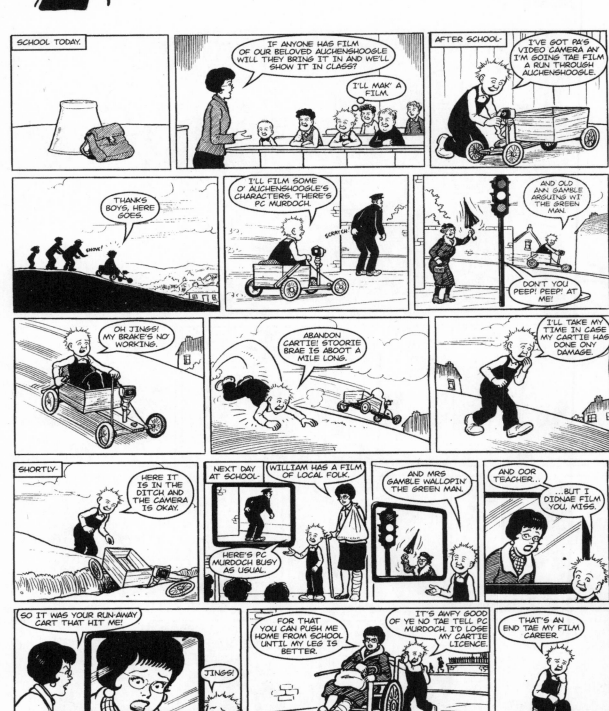

WOULDN'T IT BE REALLY COOL, TO MAKE PRIMROSE AN APRIL FOOL.

WULLIE'S MADE A TERRIFIC FIND,
BUT HE'S USING IT TO BE UNKIND.

FAT BOB IS SET TO LOSE HIS SOCKS, THANKS TAE WULLIE AND HIS BOX.

WHAT A STRANGE LOOKING BREED,
IS OOR WULLIE'S TRUSTY STEED.

I'M FAIR ENJOYIN' BEIN' BACK AT SCHOOL.

WILLIAM! IT'S NOT LIKE YOU TO BE INTERESTED IN SCHOOL BOOKS. IS IT YOUR NEW YEAR RESOLUTION?

AWA', IT'S A BURNS BOOK.

I KEN IT'S NO' BURNS NICHT YET, BUT I'M BRUSHIN' UP ON TAM O' SHANTER - AN' YE KEN FINE WHY.

AS YOU KNOW, WE'RE DOING TAM O' SHANTER AS THE SCHOOL PLAY. WILLIAM WILL PLAY THE TITLE ROLE.

I PREFER A HAM ROLL MASEL'. HA! HA!

PRIMROSE WILL PLAY A HORRIBLE WITCH, AND TAM'S HORSE, MEG, WILL BE PLAYED BY...

REALLY!

...BOB AND SOAPY. THEY'LL WEAR THIS PANTOMIME HORSE COSTUME.

MICHTY!

YE'D BETTER TRY IT ON. THE BACK END MICHT BE TOO WEE FOR YE, BOB.

WHIT A CHEEK.

GET YER HEID DOON, BOB. IT'S A HORSE, NO' A CAMEL.

MEG'S TAIL SHOULD BE GREY, BUT BLACK WILL HAVE TO DO.

NOW FOR A CANTER. THIS IS WHAUR TAM IS CHASED BY WITCHES. THAT'S YOUR CUE, PRIMROSE!

YOU'RE GOING TOO FAST, WILLIAM.

BRAW! YE'RE DOIN' GREAT, LADS.

MORNIN', WIFIE. FINE DAY FOR A CANTER ON YER CUDDY, IS IT NO'?

SNOOTY

WELL, REALLY!

YEE-HA! THIS IS JIST LIKE THON ROY ROGERS AFF TAE THE RANCH FOR HIS BEANS AN' STEW.

OKAY, LADS. AH'M HAME. YE CAN COME OOT FOR A BREATHER.

HAME? YE MEAN YE USED US FOR A FREE RIDE HAME FAE SCHOOL?

WHIT'S THE PROBLEM? YE NEED TAE PRACTICE.

WHACK!

LOOK AT YE. HAE YE BEEN HORSIN' AROOND AGAIN?

YE COULD SAY THAT, MA.

THE LADS SAW THE FUNNY SIDE - EVENTUALLY! ROLL ON THE PLAY. I CANNAE WAIT.

WULLIE THINKS IT WOULD BE NEAT,
TAE BE A COPPER ON THE BEAT.

WULLIE HAS HIS PLANS A' MADE,
FOR A DARING COMMANDO RAID.

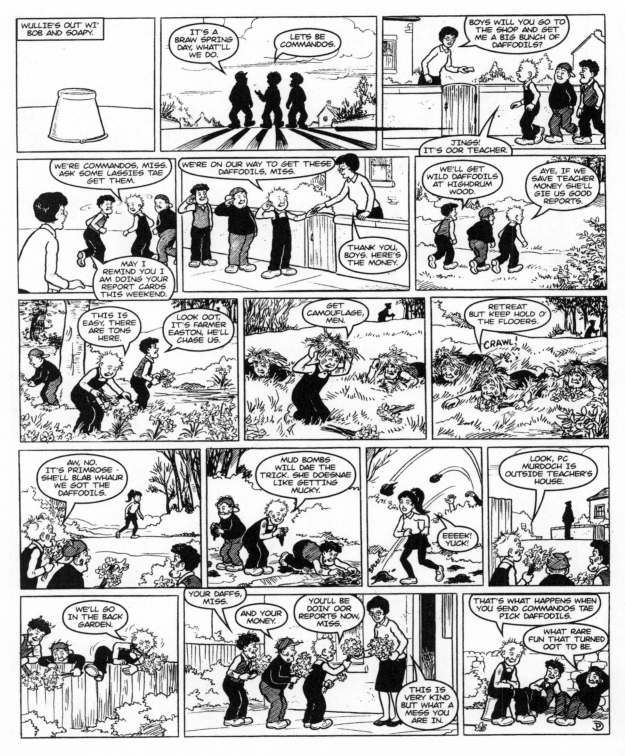

WULLIE MAKES HIS BEST PALS SCOWL,
HE MEANS TAE WIN BY FAIR OR FOUL.

I'VE HARD BOILED MY EGG FOR EASTER.

THERE'S A COMPETITION FOR THE BEST UGLY FACE PAINTED ON AN EGG.

WE'VE A' DONE OORS, WULLIE.

WE'LL NEED TAE GET GOING, THE COMPETITION IS IN THE HALL.

AYE, RIGHT.

THEIR EGGS ARE MUCH BETTER THAN MINE. I'LL HAE TAE BE FLY.

THAT'S A BRAW LOOKING EGG, BOB. IMAGINE ITS GOLDEN YOLK AND SUPER TASTE. IT'S PROBABLY STILL WARM IN THE MIDDLE.

AYE, AND I'M STILL HUNGRY.

I'M EATING IT NOW.

THAT'S MY MAN!

ONE DOWN.

OCH! MY LACE IS NEEDING TIED.

NOW'S MY CHANCE.

I'LL TAK' THE WEIGHT OFF MY FEET FOR A MINUTE.

NO!

YOU'VE SAT ON MY EGG AN' BROKE IT.

SORRY, WEE ECK. I DIDNAE SEE IT.

TWO DOWN.

WULLIE'S BREAKING OOR EGGS, SOAPY.

WELL, HE'LL NO GET MINE.

I'LL HOLD IT UP OOT O' HIS REACH.

JINGS! MY CATAPULT HAS GONE OFF BY MISTAKE.

PING!

HOWL!

SEEMS LIKE I'LL WIN. MY EGG HAS NAE COMPETITION.

YE TWISTER!

EASTER EGG Comp

AND IT HAS A RICHT UGLY FACE.

PSST! TAK' A LOOK AT THE JUDGE.

WHIT'S THIS?

YOU'VE DRAWN ME ON YER EGG SO YOU MUST THINK MY FACE IS UGLY. YE WEE SCUNNER.

I DIDNAE MEAN TAE INSULT YOU, MISTER.

SERVES YOU RICHT, WULLIE.

NAE PRIZE. NAE EGG. NAE PALS. IF THERE WAS A COMPETITION FOR A NUMPTY I'D WIN IT.

WULLIE PLANS A GIFT SO GRAND,
HE'LL BE THE BEST SON IN THE LAND.

WULLIE MIGHT BE WEE, BUT HE'S NAE FOOL, AUCHENSHOOGLE'S CHAMP AT KEEPING COOL.

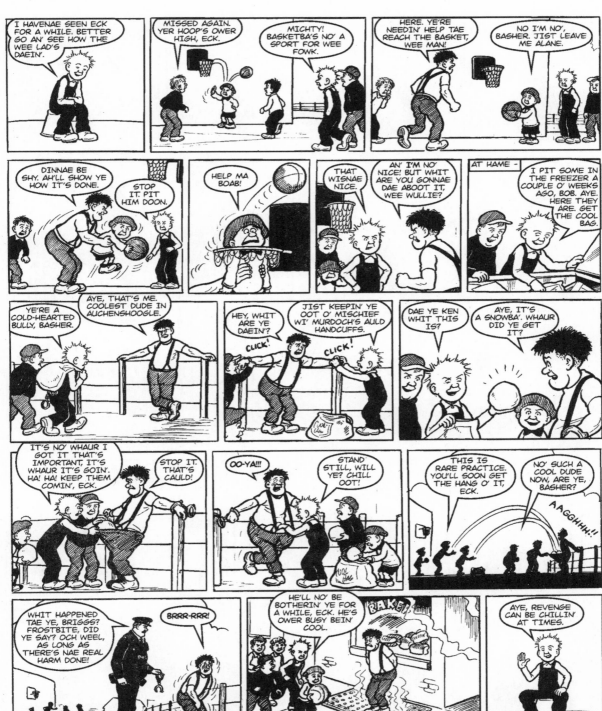

WHEN WULL GROWS UP HE WANTS TO BE,
A STAR OF SPORTS OR COMEDY.

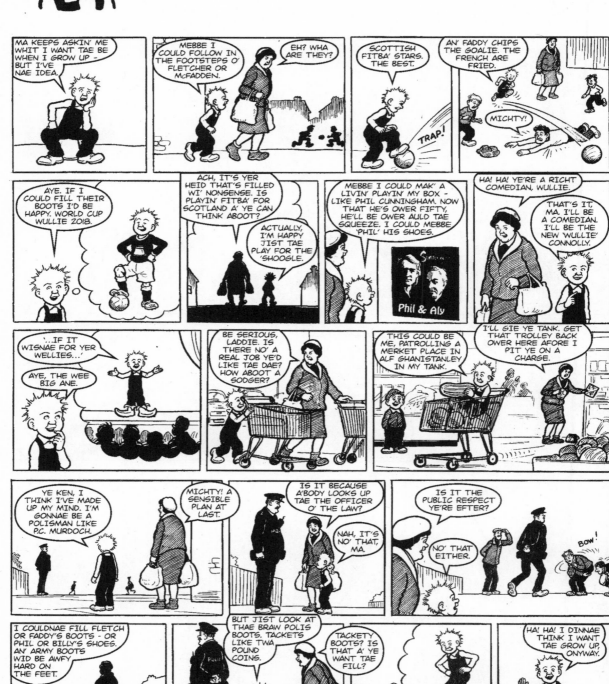

BLACK JAKEY'S ON THE HUNT FOR FOOD, AND FOR THE BIRDS THAT IS NOT GOOD.

OOR WULLIE'S LIFE IS NEVER BORIN', TODAY HE'S IN THE WILDS EXPLORIN'.

ONE LITTLE WORD ON GROOMING DAY,
MEANS HARRY VANISHES CLEAN AWAY.

JINGS! YE'RE FILTHY, HARRY. TIME FOR YER SPRING CLEAN I THINK.

I'LL AWA' AN' GET YER BRUSH AN' COMB, THEN WE'LL SET UP THE BATH. NOW DINNAE YE GO AWA'.

BUT - I SHOULD HAE KEPT QUIET. THAT DUG KENS EVERY WORD I SAY - AN' HE HATES GETTIN' WASHED AN' GROOMED. A BIT LIKE MASEL' REALLY.

I DINNAE KEN WHAUR HE'S HIDIN', BUT THIS'LL BRING HIM OOT. IT'S A WARM BONE FAE MA'S BROTH.

COME ON, HARRY. HERE'S A BONE FOR YE. COME AN' GET IT!

THE WEE RASCAL. HE'S BEEN HIDIN' UNDER MY BUCKET A' THE TIME.

YE'VE BEEN SPOTTED, M'LAD! OOT YE COME.

JINGS, IT'S NO' HARRY, IT'S SPIKE.

I WONDERED WHAUR YOU'D DISAPPEARED TAE, LAD.

LOOK AHENT YE, WULLIE!

THE BONE'S BEEN SNAFFLED WHILE I WISNAE LOOKIN'. THAT DUG'S OWER SMERT BY HALF.

BUT NO' SMERT ENOUGH TAE FOOL ME. A' I HAE TAE DAE IS FOLLOW THE TRAIL O' BROTH THAT'S DRIBBLED OOT O' THE BONE.

I CAN HEAR YE IN THERE, HARRY. AN' DINNAE GROWL AT ME, YE WEE RASCAL. BUT IF YE WINNAE COME OOT FOR YER BATH...

GGRRR!

HARRY'S HOOSE

...I'LL JIST HAE TAE BRING THE BATH TAE YOU. A SQUIRT O' SOAP AN' A GUID HOSE DOON WI' WATTER.

YE DINNAE LIKE THAT, DO YE? BUT IT'S NEARLY FEENISHED, SO YE CAN COME OOT NOW, HARRY.

MICHTY! IT'S NO' HARRY AT A'. IT'S BASHER'S DUG RAZOR - AN' HE'S NO' HAPPY.

GGRRRR!

WHIT NICE. SOMEBODY'S LEFT ME A BRAW BONE.

HARRY'S HOOSE

KEEP CALM, RAZOR LAD. I DIDNAE MEAN IT.

LATER -

...AN' THEN I THOCHT RAZOR WIS HARRY. I'D LIKE TAE SAY I GOT 'CLEAN' AWA', BUT AS YE CAN SEE...

OH, WULLIE!

THE ONLY THING THAT GOT SPRING CLEANED WIS ME. SEE WHEN I GET MY HAUNDS ON THAT DUG.

WULLIE'S FAMOUS BUCKET IS HARD TAE BEAT, AS SHOPPING BAG OR COMFY SEAT.

I'M STERVIN'. I COULD EAT A COO ON A PIECE.

WULLIE! BREAKFAST'S READY.

MUSIC TAE MY EARS.

BILED EGGS. BRAW!

YE CANNAE BEAT AN EGG - WEEL, YE CAN, BUT THEY'RE BETTER BILED AN' SERVED IN MY WEE EGG 'BUCKETS'.

A BUCKET FU' O' PORRIDGE NEXT...

...WASHED DOON WI' A WEE BUCKET O' MILK! PERFECT.

AWA' AN' GET THE MESSAGES, WULLIE. I DINNAE SEEM TAE BE ABLE TAE KEEP FOOD IN THE HOOSE WI' THON APPETITE O' YOURS.

WHA NEEDS A BAG WHEN YE'VE A BUCKET?

TRUST A'THIN' I WANT TAE BE ON THE TAP SHELF.

JIST AS WEEL I'M PREPARED. A' I NEED IS A PIZZA BOX AN' MY 'SPARE' BUCKET.

IT'S EASY WHEN YE KEN HOW.

I CANNAE WAIT TAE GET STUCK INTAE THIS GUID GRUB.

WHY DAE YE NO' PIT ON WEIGHT, WULLIE - LIKE ME? I JIST HAE TAE LOOK AT FOOD AN' I PIT ON POUNDS!

IT'S A' THAE CAKES AN' PIES YE EAT, BOB. HAE A BALANCED DIET LIKE ME AN' YE'LL SOON BE A SHADOW O' YERSEL'.

AYE. RICHT.

WULLIE'S HAD A GUID BUCKETFU' THE DAY.

EH?

NO' YOU, WULLIE. WULLIE McLEOD. HE'S HAD OWER MONY SHANDIES.

PA'S AYE SAYIN' THAT HIS PALS HAVE HAD A BUCKETFU'. NOW I KEN WHIT HE MEANS.

IMAGINE IF THEY DRANK FAE REAL BUCKETS!

SLURP!

SLURP!

I SEE YE'VE SLIPPED IN ANE OR TWA EXTRAS - LIKE THIS BAG O' CRISPS.

YE DINNAE MIND, DAE YE, MA?

BUCKETIN' DOON -

I CANNAE WAIT FOR DENNER TIME. WE'RE HAEIN' SASSIDGES - BUCKETS O' THEM.

CLIMBING TREES IS WULLIE'S HOBBY, HANDY FOR ESCAPIN' FRAE THE BOBBY.

OOR WULLIE AND BOB ARE AFTER GOLD, HAS AUCHENSHOOGLE GOT RICHES UNTOLD?

BUNNETS MAY BE COOL ATTIRE,
BUT UNDERNEATH YOUR HEID'S ON FIRE.

JINGS. THE SUN'S RICHT STRONG THE DAY. I CAN HARDLY SEE.

HERE, PIT ON THAE SUNSPECS. THIS BRICHT SUN IS BAD FOR YER EYES.

ACH, MA. I DINNAE NEED SPECS.

MICHTY! I LOOK LIKE A GANGSTER - OR A RUSSIAN FITBA' CLUB OWNER.

BUT IT'S NO' REALLY ME. I'LL JIST WEAR A BUNNET TAE KEEP THE SUN OOT O' MY EYES. PA DOES THAT.

AN' SO DOES MY PAL GRANPAW BROON. HE'S A REAL STYLE ICON.

HI, WULLIE. I LIKE YER BUNNET.

TROUBLE IS, IT'S OWER HOT. MY HEID'S FAIR COOKIN' UNDERNEATH.

AN' LOOK AT MY HAIR. IT'S A' STICKY AN' FLAT..

NO' A PROBLEM I SUFFER FAE. I WIDNAE MIND HAEIN' HAIR LIKE YOURS, THOUGH.

WHAT ABOUT THIS, WILLIAM?

A BROLLY? IT'S THE SUN THAT'S BOTHERIN' ME, PRIMROSE. NO' THE RAIN.

IT'S NOT AN UMBRELLA, IT'S A PARASOL. AND WHEN I FIX IT TO THIS OLD RUCKSACK FRAME YOU WON'T EVEN HAVE TO HOLD IT.

AYE, YE'RE CLEVER FOR A LASSIE.

THERE, THAT'LL KEEP THE SUN OFF.

THIS ISNAE BAD. BETTER THAN SHADY SUNSHADES.

BUT, LATER -

STILL WEARIN' YER SUNGLASSES, I SEE. GUID LADDIE.

AYE, WEEL...

A'THIN' WAS GOIN' FINE WI' PRIMROSE'S BROLLY THING UNTIL...

THE PARASOL'S A BIT OLD, SO YOU NEED TO BE CAREFUL IN CASE IT...

...SNAPS SHUT! OH, DEAR.

WHIT'S HAPPENED?

I CANNAE SEE. CRIVVENS!

DINNAE TELL ME...

YE'VE GUESSED IT, MA

TWA BLACK EYES! OCH, WULLIE, YE'RE NO' SAFE TAE BE LET OOT ON YER AIN.

AYE, THE SUN'S BAD FOR YER EYES RICHT ENOUGH.

I JIST TELL FOWK I WIS IN A FECHT WI' SIX BIG LADS. HA! HA! IT'S GUID TAE SEE THE FUNNY SIDE O' LIFE.

ON NATURE WALKS YOU NEVER KEN.
WHERE DANGERS LURK, DOON IN THE GLEN.

WULLIE WISHES HE'D PLAYED ANOTHER GAME, AND LEFT HIS TRUSTY SWORD AT HAME.

PUSHING A MOWER IS VERY TAME,
WHEN YOU'RE A SPORTSMAN NEEDING A GAME.

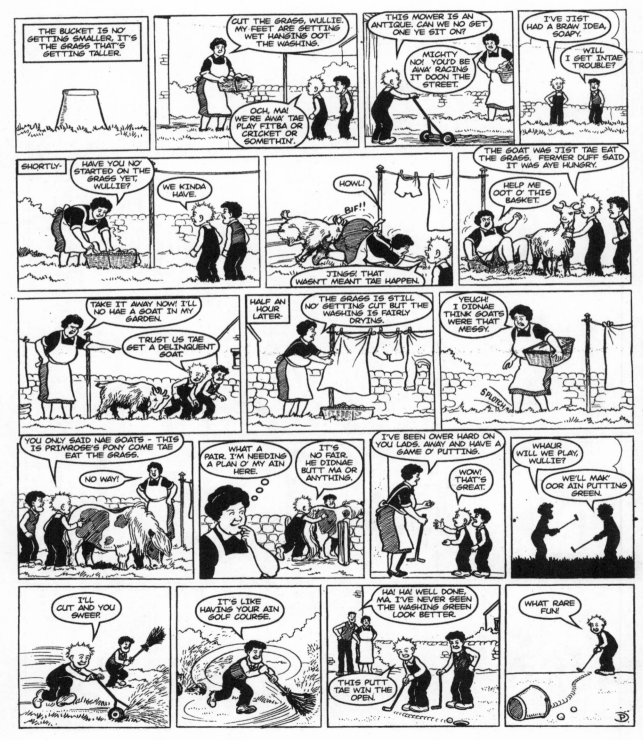

THE TEAM ARE READY FOR THE FRAY, BUT JUST WHAT ARE THEY GOING TAE PLAY?

WHEN YOU STEP INTAE WULLIE'S GYM, PREPARE TAE RISK BOTH LIFE AND LIMB.

A BOOK IT IS A PERFECT TREASURE, BRINGING READERS HOURS OF PLEASURE.

WULL FINDS CATCHIN' CROOKS SO EASY,
EVEN IF HIS METHOD'S A LITTLE CHEESY.

"IT'S LIGHT A' NIGHT" WULL'S FATHER SAID,
SO OOR LAD'S NO' GOING TAE BED.

WHAT A BRAW TIME O' YEAR THIS IS.

TUESDAY IS THE LONGEST DAY. IT'LL HARDLY BE DARK AT ALL.

I'M GOING TAE BIDE UP AND SEE.

AYE, RIGHT.

TUESDAY COMES-

FANCY GOING TAE BED WHEN IT'S STILL LIGHTY OOTSIDE.

'NIGHT, WULLIE.

I'M GOING TAE HAVE A WEE MIDNIGHT FEAST TAE MYSEL'.

STOP RUSTLING THAT BAG AND CRUNCHING THEY CRISPS. I'M TRYING TAE SLEEP.

CRUNCH!

I'LL JUST HAVE TAE PLAY ON MY AIN. THERE'S NAEBODY ABOOT.

CRASH!

JINGS!

YOUR BA' IS STUCK IN MAH MOOTH.

SORRY, MR MACTOSH.

DINNA WORRY, WULLIE. IT STOPPED HIS SNORIN'.

IT'S GETTING DARK AND SPOOKY NOW.

AAARRGH! A GIANT POLIS!

WHEESHT! I'M PC THOMSON. I DO THE NIGHTSHIFT ON MURDOCH'S BEAT.

I'VE NO BEEN UP THIS LATE TAE SEE YE BEFORE. AND YOU ARE AWFY TALL.

STOP THE RACKET!

WHAT'S GOING ON OOT THERE?

AWA' TAE YER BED. YOU'RE DISTURBING THE PEACE.

YIPPEE! I'VE STAYED UP A' NIGHT. THERE'S THE DAWN.

I'M READY FOR MY BREAKFAST.

CLATTER!

WHY ARE YOU CLATTERING ABOOT?

MAKIN' THE BREAKFAST. IT'S MORNING.

AYE, HALF PAST FOUR IN THE MORNING.

WULLIE'S NOW HAVING THE LONGEST SLEEP OF THE YEAR.

ZZZZ

STRANGE FOWK ABOOT HERE. HALF PAST TEN AND NOT A SOUL UP.

THE PROBLEM IS HOW TO SEE, THE MATCH UPON THE BIGGEST TV.

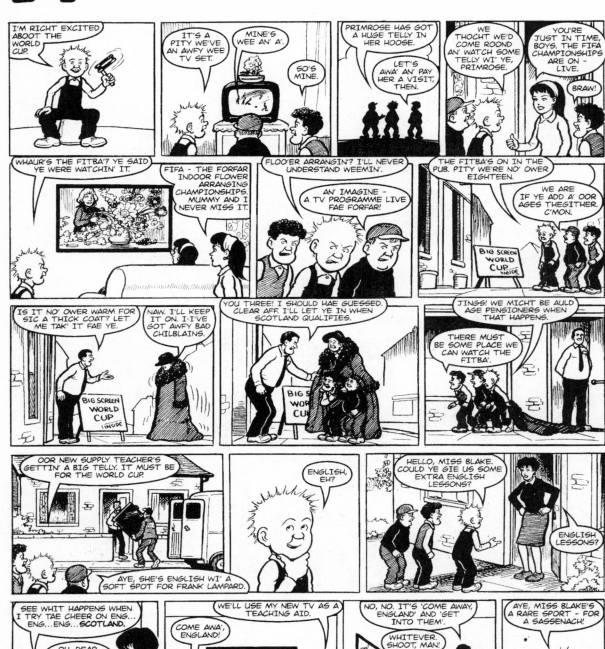

WITH WULLIE CROSSING THE ATLANTIC, CANADA SHOULD BE FEELING FRANTIC.

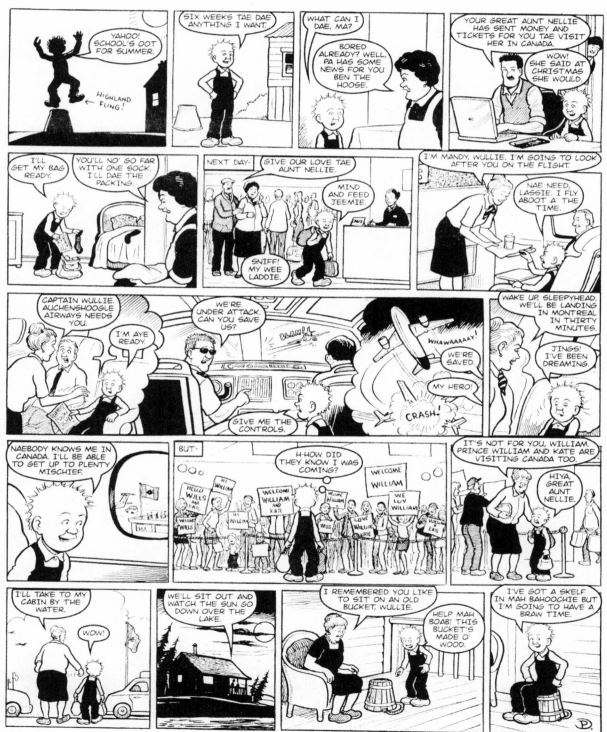

WULLIE'S NO STRANGER TO A MOOSE, BUT THIS ANE IS THE SIZE O' A HOOSE.

WULLIE THINKS HE'S ROBIN HOOD, HUNTING IN THE GREAT WILD WOOD.

IN WEE ECK'S HOUR OF NEED, WULLIE IS A FRIEND INDEED.

NOW YOU'LL SEE OOR WULLIE'S KNEES,
FOR HE'S NOT WEARING DUNGAREES.

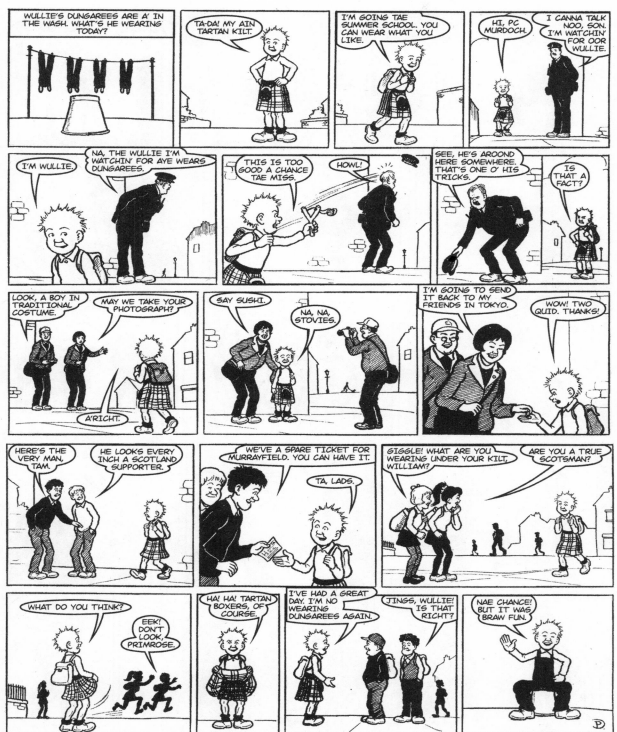

POUNDING THE BEAT IS MURDOCH'S LIFE, THAT AND PLEASING HIS DEAR WIFE.

CAN WULLIE'S PILE O' WOODWORM DINNER, TURN OUT TAE BE A REAL BIG WINNER?

AFTER ALL WULLIE'S FUN THERE'S A PRICE TAE PAY, BUT AN UNLIKELY HERO MIGHT SAVE THE DAY.

TO SAVE THE GAME WULLIE MUST RECRUIT, A PERFECT HALF-TIME SUBSTITUTE.

WULLIE KENS THE VERY THING,
TAE MAKE UP FOR A LACK O' STRING.

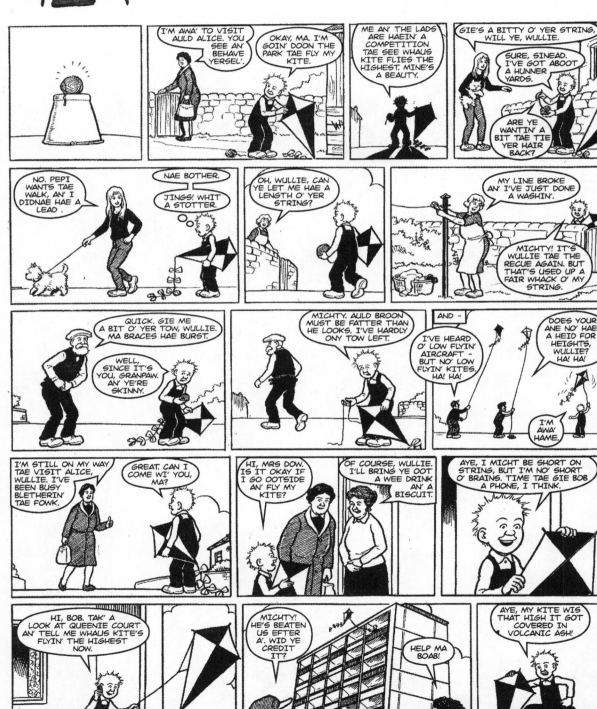

CAN OOR WULLIE'S PLAIN WEE BOAT,
BE THE FASTEST THING AFLOAT?

WULLIE THINKS IT WOULD BE NICE,
TO SHARE A TASTY CUSTARD SLICE.

MA'S NEW PLANTER IS JUST THE JOB,
FOR FLEEING FROM AN ANGRY MOB.

FOWK IN NEED SHOULD NEVER FEAR,
WULL THE RESCUE HERO IS HERE.

WHEN OOR WULLIE CASTS A FLY,
HE CATCHES FISH – AND CHIPS FORBYE.

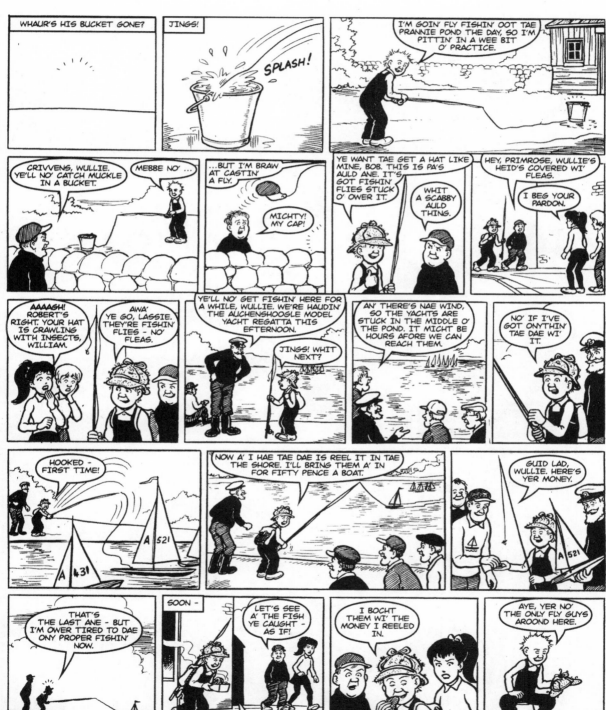

THE PALS ARE OUT SO WILD AND FREE,
JUST LIKE LADDIE'S USED TAE BE.

LET'S HAE A CAMPIN TRIP BEFORE WE HAE TO GO BACK TO SCHOOL.

WE'LL GO TAE MY UNCLE'S FARM AT SHOOGLEBANK.

NAEBODY IS TAE MENTION SCHOOL ON THIS TRIP.

NAEBODY IS EVEN TAE THINK ABOOT SCHOOL.

NAEBODY'S TAE EVEN DREAM ABOOT SCHOOL.

HEY, THAT LOOKS A TOP CLASS FISHIN' SPOT.

SORRY, THE WORD 'CLASS' IS BANNED!

THIS IS THE LIFE, BOYS.

WE CAN DAE ONYTHING WE WANT.

I'M GOING TAE CLIMB THIS TREE.

I'M HAVIN' A SNACK.

JINGS! SORRY, BOB.

HOWL!

I'M TOO SAIR TO WALK. YOU'LL HAE TO PULL ME ALONG.

PECH!

WE'LL NEVER GET TAE YER UNCLE'S FARM AT THIS RATE.

I'M NEEDIN' SOMETHING TAE EAT.

THERE'S NOTHIN' LEFT.

BOB'S BEEN SITTIN' MUNCHING.

IT WAS TAE HELP THE PAIN.

GRR! I'LL TEACH YOU A LESSON...

YOU CANNAE. LESSONS ARE BANNED ON THIS TRIP.

WE'LL CAMP FOR THE NICHT IN THIS AULD GAIRDEN.

BRAW! IT'S FULL O' RASPS AN' PLUMS AND PEAS.

THIS IS GREAT, BOYS. WE'RE LIVING AFF THE LAND.

LOOK - I'M ABLE TAE STAND NOO.

WHAT ARE YOU BOYS DOING? STEALING MY FRUIT?

IT'S OOR HEADMASTER! WE DIDNAE KEN THIS WAS YOUR HOOSE, SIR.

WHILE WE'RE WAITING FOR YOUR PARENTS, YOU CAN ASSIST ME.

I'VE INVENTED NEW MATHS PROBLEMS. TRY TO ANSWER THEM.

JINGS! IT'S A' GONE WRANG.

HUH! FELT LIKE WE WERE BACK IN SCHOOL A WEEK EARLY.

WHEN PICKING VEG HAS TO BE DONE,
TRUST OOR WULLIE TAE MAKE IT FUN.

OOR WULLIE'S NEW 'FOREIGN' PHRASE, COULD KEEP TEACHER GUESSING FOR DAYS.

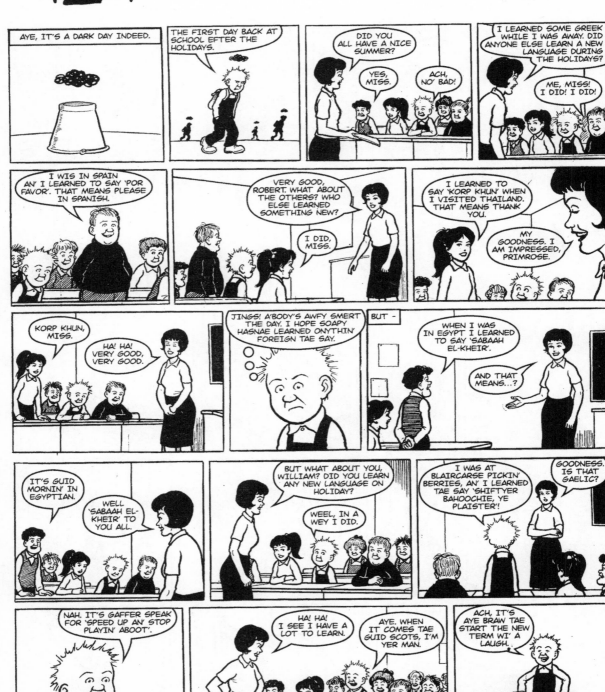

OLD DANCES WERE ALL THE RAGE,
O' LADDIES OF A BYGONE AGE.

A SILLY WEE STICKY NOTE, HAS REALLY GOT OOR WULLIE'S GOAT.

WHEN A BIG CAT'S ON THE LOOSE, WHAT YOU NEED IS A GIANT MOOSE.

IT'S POURIN' RAIN AND AWFY WET, BUT WULLIE ISNAE DROOKIT YET.

JINGS! HOPE WULLIE'S BUCKET DISNAE RUST IN A' THE RAIN.

YE'LL GET SOAKED, LADDIE. TAK' A BROLLY OR A HAT.

AWA'! IT'S NO' THAT FAR, MA, AN' I'M OWER TOUGH FOR THON KIND O' THING, ONYWAY.

MIND YOU, I DINNAE WANT TAE DROON, EITHER.

LUCKY FOR ME HIKERS GO OOT IN A' WEATHERS. THIS IS A RARE SHELTER.

ACH, SOME HIKER HE IS! HE'S AWA' TAE CATCH THE BUS. WHIT'LL I DAE NOW?

TAK' THIS NEW BIN TAE 66 ROSE CRESCENT, WILL YE, SANDY?

WHAUR'S THAT?

I'LL SHOW YE WHAUR IT IS IF YOU GIE ME A HURL, SANDY.

...NOW TURN LEFT INTO ROSE CRESCENT. IT'S THE HOOSE NEAR THE MIDDLE.

THANKS, WULLIE.

HELLO, MISSUS OGILVY. I'VE BROCHT YER NEW BIN.

WULLIE, THE VERY LAD.

WILL YOU TAKE THIS BOOK BACK TO THE LIBRARY FOR ME? MA JOINTS ARE FAIR PLAYIN' UP WI' A' THIS RAIN.

NAE BOTHER, MISSUS O.

THE VERY DAB.

GOODNESS! THIS BOOK IS SOAKED. THE PAGES ARE ALMOST SOGGY!

WHIT DID YE EXPECT? IT'S A' ABOOT LIFE IN THE RAINFOREST, EFTER A'.

THAT WIS A RICHT LAUGH. BUT HERE WE GO AGAIN. I'LL NEED TO DASH FAE SHOP TAE SHOP FOR SHELTER. BUT I'M GOIN' TAE RUN OOT O' SHOPS SOON - UNLESS...

...I WONDER HOW MUCH A STICK O' RHUBARB COSTS.

10 PENCE TAE YOU, WULLIE.

HOW MUCH IF I BRING IT BACK WHEN THE RAIN GOES AFF?

ACH, LIFE'S OWER SHORT FOR THIS. JIST TAK' IT.

THANKS, JIM.

THE RHUBARB LEAF MAK'S A PERFECT BROLLY. I'M NEARLY THERE - AN' I'M STILL BONE DRY.

AUCHENTOGLE LEISU

BUT NO' FOR LONG, MIND.

YE-HA!

SPLASH!

AN' MA'S MADE THE RHUBARB INTAE CRUMBLE! A PROPER SHIVERY BITE.

WULLIE CAUSES A HUGE SURPRISE,
THE CLASS CANNOT BELIEVE THEIR EYES.

WULLIE'S PRIDE TAKES A DUNT,
HE'S NOT LEADING FRAE THE FRONT.

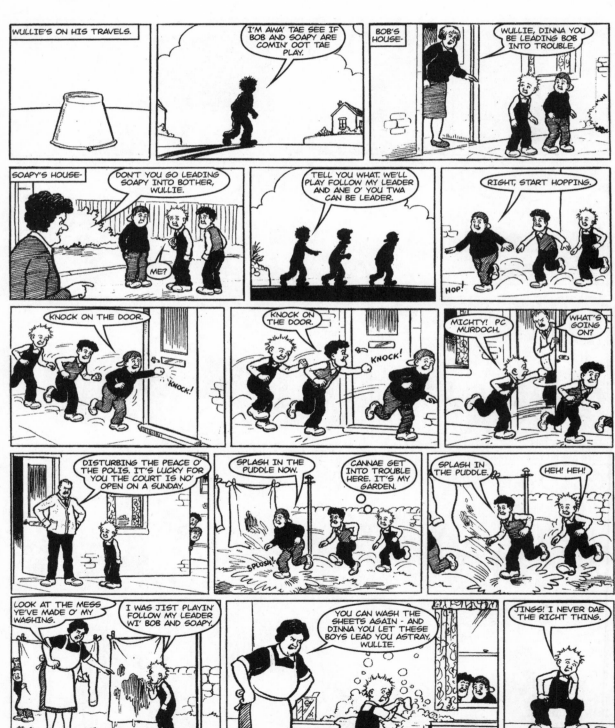

A FOOSTIE DOUGHNUT, WHO WOULD TRY IT?
WHY HUNGRY FOWK, UPON A DIET.

PLAYING CONKERS IS NOW NAE FUN,
AFTER THE SAFETY MAN IS DONE.

SCHOOL'S JIST FINISHIN'.

I'M HERE FROM AUCHENSHOOGLE HEALTH AND SAFETY TO SHOW YOU HOW TO PLAY CONKERS.

NAE CONKER WILL BE SAFE FRAE THE BIG ANE I FOUND.

SORRY, YOU CAN'T PLAY WITH THIS CONKER, IT'S TOO HEAVY.

WHIT? IT TOOK ME AGES TAE FIND THAT ANE.

HERE ARE TWO SAFETY CONKERS I PREPARED EARLIER.

YE CAN HARDLY SEE THEM.

WE'LL TRY OOT THE POOR WEE THINGS, BOB.

NOT SO FAST.

SAFETY GEAR ON FIRST OR YOU MAY HURT YOURSELF.

HELP MA BOAB!

AND SPECTATORS TEN METRES BACK!

JINGS!

I CANNA HAUD THIS WEE THING WI' THAE BIG GLOVES ON.

AND I CANNA SEE YOU, MY MASK IS A' STEAMED UP.

LET'S AWA' TAE THE CHESSIE TREE AND GET MAIR CONKERS.

YE CANNA PLAY CONKERS WI' THESE WEE THINGS.

HALT! CLIMBING TREES IS DANGEROUS.

MICHTY! HE'S DOON HERE TOO.

I'LL KNOCK SOME DOON.

DO NOT THROW A STICK, IT COULD FALL ON SOMEONE.

YOU WI' ONY LUCK.

DAE SOME SKIPPIN', BOB. THAT'S QUITE SAFE.

THAT'S GUID, GIE IT BIG LICKS, BOB.

THUMP!

UP ABOVE —

SHAKE!

D'YOU KEN WHIT WE THINK YOU ARE, MISTER?

NUTS!!

OUCH!

WULLIE'S BIG CONKER IS A CHAMPION.

IS POOR WULLIE GOING BONKERS?
HIS MA'S THE BEST AT PLAYING CONKERS.

AT GOING TO SCHOOL WULLIE'S NOT GREAT,
THERE'S ALWAYS SOMETHING MAKES HIM LATE.

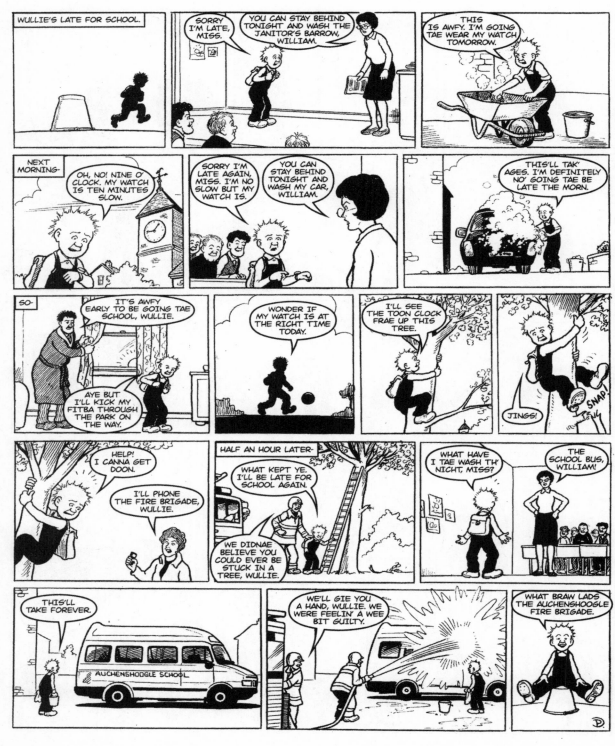

WHEN YOU'RE A CHEERY, HAPPY LAD, YOU DINNA LIKE TAE SEE FOWK SAD.

IT ISNAE JUST A FISHY TALE, WULLIE THINKS HE'S HOOKED A WHALE.

THANKS TO THE NEW TOP COP,
WULLIE'S TREEHOUSE IS FOR THE CHOP.

THERE'S A REAL AUTUMNY FEELING NOW.

THE LEAVES ARE COMING OFF THE TREES, WE'D BETTER VISIT OUR SECRET TREEHOUSE.

AYE, IT'S THAT TIME OF YEAR.

IT'S NO MUCH O' A SECRET HIDEOUT NOW.

WE'LL GO UP AND CLOSE IT FOR THE WINTER.

WE'LL GIE IT AN AUTUMN CLEAN FIRST. THAT'S LIKE A SPRING CLEAN BUT IN THE AUTUMN.

AYE! WE'LL MAK' NEW WATER BOMBS FOR NEXT YEAR.

DOWN BELOW-

THIS IS MY BEAT, INSPECTOR BURKE.

YES, YES. I WANT IT LOOKING A SMART AREA. I HATE ANYTHING UNTIDY.

HOWL!

I'M SURE THE LADS DIDNAE MEAN TAE SPLATTER YOU, SIR.

I COULD HAVE YOU ARRESTED BUT I HAVE ANOTHER IDEA.

MURDOCH, CALL THE COUNCIL AND HAVE THEM REMOVE THIS DANGEROUS CONSTRUCTION.

AW, SIR. IT TOOK US WEEKS TAE BUILD THAT.

LATER-

SO THEY'RE GOING TAE DEMOLISH OOR TREE HOUSE.

THEY WOULDNAE LET ME DEMOLISH MAH BARN FOR IT HAD A COLONY O' BATS LIVING IN IT.

YOU CANNA KNOCK THE TREE HOUSE DOON, IT HAS A COLONY O' BATS.

NONSENSE!

I'LL SHOW YOU.

UP YOU GO AND CHECK IT OUT, MURDOCH.

DAE AH LOOK LIKE TARZAN.

SEE, QUITE A COLONY O' BATS.

CHORTLE!

WULLIE'S RIGHT, INSPECTOR BURKE - THERE'S A LOT OF BATS IN THE TREE HOUSE.

BAH!

I'LL CATCH THESE WRETCHED BOYS SOON.

I'M SURE YOU'LL TRY, SIR.

HA! HA! WE'LL DRIVE HIM BATTY FIRST.

THE STORE IS REALLY HOPPING,
WHEN WULL DECIDES THAT HE LIKES SHOPPING.

THE LADDIES WILL MAKE IT HAME,
IF THE FARMER'S COO IS TAME.

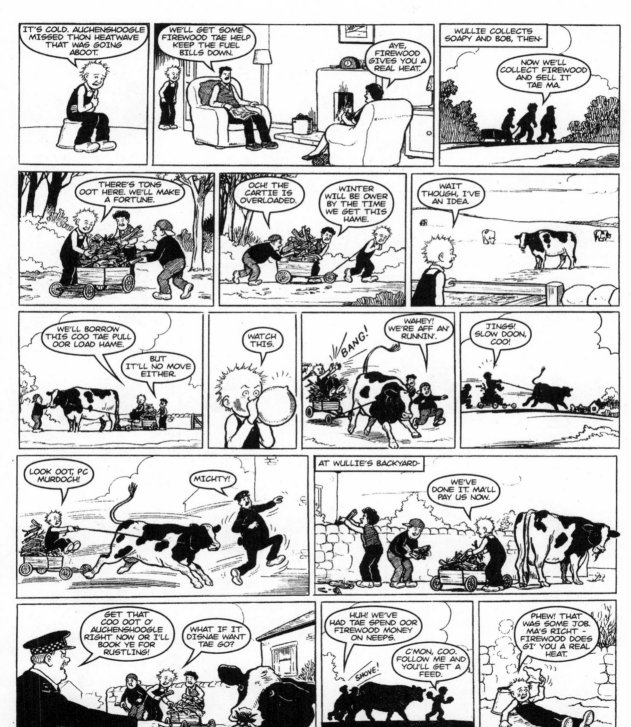

WULLIE'S OFF ON AN ERRAND AT THE DOUBLE, BUT HE RUNS RIGHT INTO TROUBLE.

THE PALS ARE OUT TO MAKE SOME DOSH, EVEN THOUGH IT MEANS DRESSING POSH.

COOL SUPERHEROES STRUT THEIR STUFF,
BUT GETTING LAUGHS IS VERY TOUGH.

AS USUAL WULLIE'S RUNNING LATE, BUT CAN HIS DAY YET TURN OUT GREAT?

ABODY'S YELLING IN HIS LUG, WHEN WULLIE GETS THE BUILDING BUG.

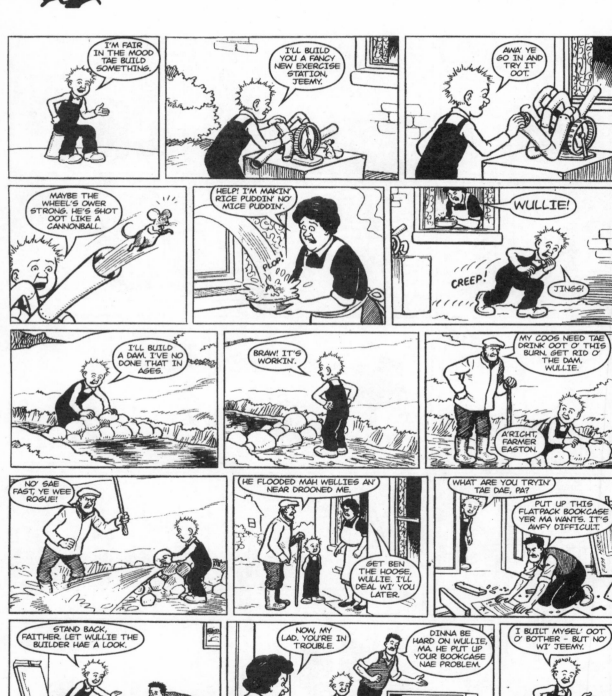

MURDOCH CAN MAKE WULLIE SMILE,
WI' A PHOTO FRAE HIS POLIS FILE.

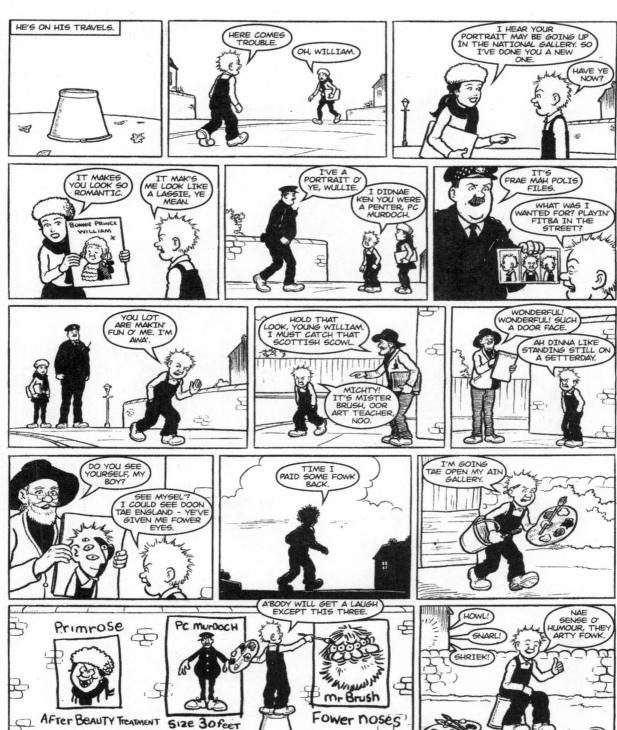

WULLIE CANNOT SEE A REASON,
WHY FOWK DISLIKE THE WINTER SEASON.

WULLIE NEEDS ANOTHER HOOSE,
A TINY ANE, FIT FOR A MOOSE.

YOU MAY FIND IT REALLY TRAGIC,
THAT OOR WULLIE BELIEVES IN MAGIC.

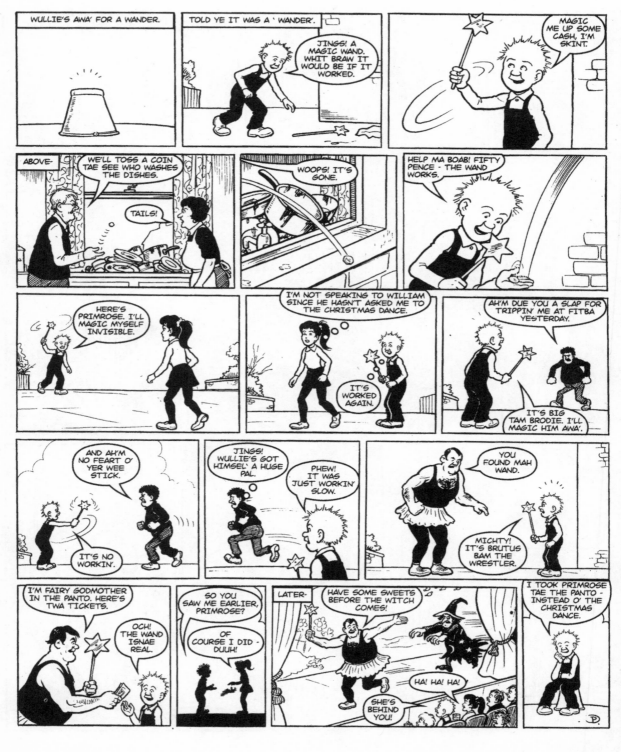

CRICKET IN WINTER? WHAT DO YOU KNOW, ALL IS EXPLAINED WHEN THERE COMES SNOW.

HIGH SPEED SLEDGING IS WULLIE'S GAME, TO FLASH THE CAMERA IS HIS AIM.

TO SAVE ENERGY WE ALL MUST TRY,
"SWITCH AFF LICHTS," IS WULLIE'S CRY.

THE POLIS HAE WULLIE IN A TRICKY SPOT,
HIS GANG O' PALS HAVE ALL BEEN CAUGHT.

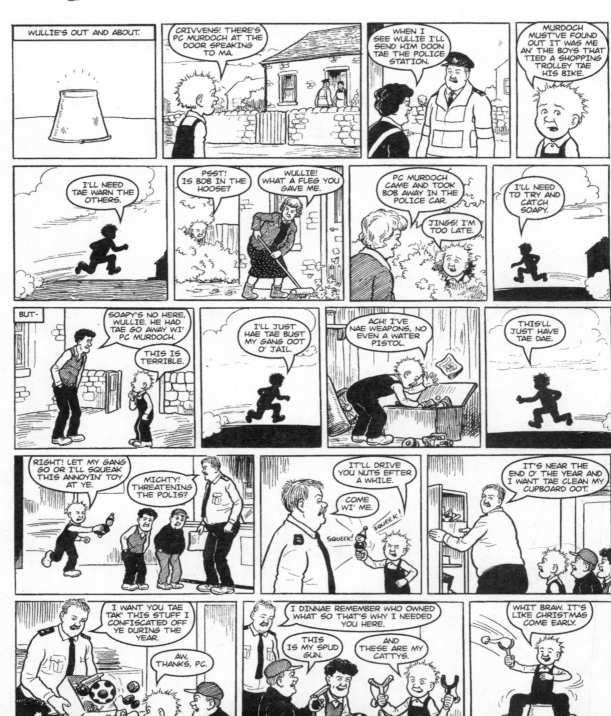

COME NOW AND TAKE A GLANCE,
AT OOR WULLIE BEING LED A DANCE.

THE AUCHENTOGLE

A' the cast are very game
Why, PC Murdoch is a dame

Daphne's lookin' for a Prince
Though her wig would mak' ye wince

PANTOMIME

Tak' yer seats, there's meenits tae go
Abody's come tae see the show

Tae miss this fun wid be a crime
It's the Auchentogle Pantomime.

IT'S LONG BEEN OOR WULLIE'S DREAM,
TAE DIG UP THINGS LIKE THE 'TIME TEAM'.

WULLIE'S CHUM, SO GREAT AT HOPPING,
BRINGS AN END TO CHRISTMAS SHOPPING.

AULD YEARS DON'T GET WULLIE VEXED, HE'S RARING TAE GET ON WI' THE NEXT.